MINISTÈRE DE LA MARINE

ET DES COLONIES.

INSTRUCTIONS

POUR

LE CORPS MILITAIRE DES SURVEILLANTS.

PARIS.

IMPRIMERIE NATIONALE.

1881.

INSTRUCTIONS

POUR LE

CORPS MILITAIRE DES SURVEILLANTS.

PREMIÈRE PARTIE.

Régime extérieur des surveillants.

Conformément au décret du 20 novembre 1867, les surveillants sont placés, dans chaque colonie pénitentiaire, sous l'autorité supérieure du directeur de cette administration.

Dans chaque établissement, ils sont soumis aux ordres des commandants des pénitenciers. (Décret du 20 novembre 1867).

Les surveillants sont investis, par décret du 10 mars 1873, des fonctions d'agents de police judiciaire, et comme te's astreints au serment.

Les réclamations relatives à la solde, aux accessoires de solde, à la masse individuelle, aux vacations, frais de table, de déplacement, etc., doivent être adressées au directeur de l'administration pénitentiaire avant le 1er février de l'année qui suit l'exercice écoulé, dont la clôture a lieu le 31 mars irrévocablement. Cette formalité a pour but d'éviter des payements sur exercice clos, dont la régularisation exige toujours un temps très long.

Les surveillants principaux et chefs peuvent infliger aux surveillants sous leurs ordres : huit jours de consigne et quatre jours de salle de police.

Les surveillants de 1re classe et les surveillants de 2e et de 3e classe, quand ils sont chefs de chantiers et d'ateliers extérieurs, quatre jours de consigne et deux jours de salle de police (art. 281 de l'ordonnance du 2 novembre 1833).

Il est interdit aux surveillants militaires de contracter des dettes (art. 333 de l'ordonnance du 2 novembre 1833). Ils doivent, à leur arrivée dans la colonie, prendre les mesures nécessaires pour éteindre celles antérieures à leur incorporation.

Tout surveillant reconnu coupable d'avoir emprunté de l'argent à un transporté passera devant un conseil d'enquête.

Les surveillants, soit à terre, soit à bord, doivent toujours être revêtus des insignes de leur grade. Ils rendent les honneurs du salut militaire aux officiers de tous grades et sous-officiers de tous les corps qui sont leurs supérieurs au point de vue hiérarchique.

Tout surveillant qui aurait infligé une punition à

un transporté, qui aurait usé de mauvais traitements à son égard ou qui aurait tenu avec lui des rapports honteux serait déféré au conseil d'enquête ou au conseil de guerre, suivant la gravité des faits.

Les surveillants sont spécialement chargés, sous le contrôle de leurs supérieurs hiérarchiques, de la police et de la discipline des transportés; ils les surveillent pendant les travaux (art. 1er du décret du 20 novembre 1867).

Ils les commandent avec douceur et fermeté.

Ils évitent toute familiarité avec les transportés; ils ne doivent ni les menacer ni, les brutaliser, ni les frapper.

Les surveillants ne doivent sous aucun prétexte détourner les transportés des travaux auxquels ils sont affectés. Il leur est interdit d'employer les ouvriers de profession à des travaux ayant un caractère personnel, même en dehors des heures de travail.

Les surveillants font le jour et la nuit des rondes dans le camp et autour des différents bâtiments, dans les quartiers éloignés de la surveillance. Le surveillant chef commande chaque jour ce service.

Des délits ou des crimes commis sur les pénitenciers.

Les surveillants procèdent comme agents de police judiciaire vis-à-vis des transportés de toutes les catégories. (Décret du 10 mars 1873).

Le surveillant présent sur le lieu où vient de se commettre un délit grave ou un crime se saisira de l'inculpé, qu'il fera conduire en prison [1], et il fera prévenir son chef. Il prendra le nom des témoins et s'emparera, s'il y a lieu, des pièces à conviction. Il en dressera un bordereau énumératif et en fera la remise au surveillant chef.

Le surveillant témoin du flagrant délit procédera à un interrogatoire sommaire du prévenu, qu'il trancrira à la suite du procès-verbal d'arrestation.

Des évasions de transportés.

Les surveillants doivent, par tous les moyens dont ils disposent, s'opposer aux évasions dont ils auraient une connaissance directe ou indirecte. (Instructions du département du 10 février 1876, n° 60).

Les surveillants qui, par négligence, défaut d'initiative, faiblesse de caractère, etc. etc., laisseraient enlever des embarcations par des transportés, dont ils favorisent ainsi indirectement l'évasion, seront traduits devant les conseils de guerre par application des articles 239 et 240 du Code pénal ordinaire; les conseils d'enquête, qui constituent un des rouages du pouvoir disciplinaire, ne sauraient étendre leur action au delà de ce domaine spécial, ni, par suite, prononcer, en exécution d'une loi répressive, une peine judiciaire quelconque, sans commettre un véritable excès de pouvoir.

Poursuite des transportés évadés.

Les surveillants peuvent être envoyés, soit par terre,

[1] Article 27 du décret du 18 juin 1880.

soit par eau., à la poursuite des transportées évadés; dans ce cas, ils ne marchent jamais isolément..

(Voir les instructions relatives aux cas dans lesquels les surveillants sont autorisés à faire usage de leurs armes.)

Tout canot, pirogue, etc. etc. en construction, découvert par un surveillant de ronde, devra être détruit sur le champ et sur place, quel que soit son degré d'avancement. Les outils et matériaux susceptibles d'être conservés seront recueillis.

Service des embarcations.

Toute embarcation destinée à un service extérieur et ayant des transportés pour équipage doit être, autant que possible, montée par deux surveillants.

A moins d'une autorisation spéciale écrite, aucune embarcation ne peut se rendre sur un point éloigné de 6 heures du soir à 6 heures du matin.

Le surveillant de service dans une embarcation est toujours armé de son revolver; l'arme est placée dans son étui et y joue librement; elle est fixée au ceinturon, sur le côté gauche du corps et en avant, de manière à en rendre le maniement facile.

Aucune embarcation montée par des transportés ne peut contenir des vivres pour l'équipage. Ce dernier prend ses repas avant le départ et à l'arrivée.

Le surveillant, chef du convoi, s'assure avant le départ:

1° Que l'armure métallique qui sépare la chambre

de nage de la partie arrière où se tient le personnel libre est solidement fixée [1] ;

2° Que l'embarcation ne contient ni vivres ni matériel pouvant faciliter une évasion.

Pendant la nage, le silence est de rigueur.

Si, en cours de mission, l'embarcation doit atterrir sur quelque point placé en dehors de la surveillance, l'équipage transporté est mis à terre, et le second surveillant reste attaché à la garde de l'embarcation, qui est mouillée à quelque distance du bord.

Cas dans lesquels les surveillants sont autorisés à faire usage de leurs armes.

DU BATELAGE.

Lorsque le surveillant s'aperçoit que le patron transporté fait une manœuvre ayant pour but de placer l'embarcation hors de sa route, il sommera sur le champ le patron transporté de l'y ramener. Dans le cas où ce dernier n'obtempérerait pas à l'ordre, le second surveillant maintiendrait le patron et le premier prendrait la barre du gouvernail.

Si, à ce moment, l'équipage transporté témoignait

[1] La chambre de nage occupée par l'équipage transporté est séparée de la partie arrière du canot où se tiennent les surveillants par une armure en fer d'un mètre de hauteur, boulonnée à poste fixe sur le plat-bord de l'embarcation et à l'intérieur. Les barres de soutien de cette armure ne permettent pas le passage d'un homme. Cette séparation a pour but d'éviter les surprises.

de ses intentions hostiles contre l'autorité, soit en cessant la nage, soit en cherchant à franchir la barrière en fer, soit par tout autre moyen, les surveillants, après trois sommations rapides, feraient usage de leurs armes contre les agresseurs.

POURSUITE DES ÉVADÉS PAR TERRE.

Les surveillants envoyés par terre à la poursuite des transportés évadés sont toujours armés de leur fusil et de leur revolver.

Les surveillants surprenant des transportés évadés doivent d'abord leur donner l'ordre de se rendre. En cas de non-obéissance, ils les préviennent qu'après la troisième sommation et au moindre mouvement de leur part pour prendre la fuite, ils feront usage de leurs armes. En cas de fuite immédiate du transporté, ils en font usage sur-le-champ.

POURSUITE DES ÉVADÉS PAR EAU.

Les surveillants envoyés dans une embarcation à la poursuite d'évadés fuyant au moyen d'une embarcation ou d'un radeau doivent approcher les évadés à portée de la voix, les sommer de se rendre et les informer que, dans le cas où ils continueraient à fuir, il serait fait usage des armes.

Tout surveillant placé dans un lieu quelconque, qui voit passer à sa portée une embarcation uniquement montée par des transportés, doit faire, si cela lui est possible, les sommations d'usage et se servir ensuite de son arme.

En dehors des cas spécifiés ci-dessus, les surveillants ne sont autorisés à se servir de leurs armes que dans le cas de légitime défense :

« Le meurtre ainsi que les blessures sont excu-
« sables, s'ils ont été provoqués par des coups ou vio-
« lences graves envers les personnes ». (Art. 321,
C. P.)

Les surveillants ne doivent pas perdre de vue que le meurtre n'est excusable que si les violences ou les coups mettent leur vie en danger.

Tout surveillant qui a fait usage de son arme contre un transporté est déféré au conseil de guerre.

Les surveillants ne devront jamais faire usage de leurs armes contre un transporté en état d'ivresse, par cette raison qu'ils doivent éviter de l'approcher et se borner à le faire arrêter, comme il est dit ci-après.

Il est défendu à un surveillant de faire usage de son arme contre un transporté désarmé.

Cas d'ivresse chez les transportés.

Ces cas sont malheureusement fréquents. Si le transporté ivre ne cause aucun désordre, les surveillants doivent le laisser tranquille et ne pas l'enlever à son travail ; la punition encourue est prononcée le lendemain. Le transporté dans cet état ne jouit pas de sa raison, et il est alors ou incapable d'exécuter l'ordre qu'on lui donne ou réfractaire à l'exécuter ;

Il est donc sage de s'abstenir autant que possible, et d'attendre que l'irritation ou l'ivresse soit dissipée.

Si, au contraire, le transporté ivre est une cause de scandale, s'il refuse d'obéir aux ordres qui lui sont donnés, si son état, en un mot, lui fait oublier le sentiment de la subordination, s'il profère des paroles injurieuses contre ses chefs, s'il y a enfin danger à le laisser libre, le surveillant devra faire procéder à son arrestation de la manière suivante :

Il commandera un contremaître et, à défaut, des transportés pour saisir le transporté ivre ou récalcitrant et le conduire en prison. Dans tous les cas, le surveillant doit se borner à donner des ordres et à veiller à leur exécution ; il ne doit en rien aider personnellement à l'exécution de la mesure et doit éviter surtout de s'approcher du transporté. Procès-verbal est dressé par le surveillant, s'il y a lieu.

Les surveillants ne doivent jamais, par un excès mal entendu de zèle ou de rigueur, pousser le transporté dans la voie de l'insubordination.

Du service des concessions.

Le surveillant attaché au service des concessions doit apporter beaucoup de modération et de douceur dans ses rapports avec les concessionnaires des deux sexes pour l'exécution des ordres dont il est chargé.

Il doit se borner à relever et à constater les infractions aux contraventions commises dans les concessions et à en rendre compte à son chef.

Il est interdit à tout surveillant de pénétrer dans

les logements des concessionnaires, à moins d'y être appelés par eux. En cas de trouble, de désordre ou de scandale, le surveillant pénètre d'office, prend des mesures d'ordre, arrête les perturbateurs et rend compte. Procès-verbal est dressé.

Il est interdit à tout surveillant de recevoir dans son logement la femme d'un concessionnaire, sous quelque motif que ce soit.

Tout surveillant reconnu coupable d'entretenir des relations avec la femme d'un concessionnaire ou avec une femme placée sous la surveillance de la haute police sera traduit devant un conseil d'enquête.

Tout surveillant convaincu de familiarité avec les concessionnaires et qui oublierait ses devoirs au point de se réunir à des transportés des deux sexes, soit dans les concessions, soit ailleurs, encourrait au moins la suspension de son grade.

Des jeux de hasard
sur les établissements pénitentiaires.

Les jeux de hasard sont formellement défendus.

Les surveillants veillent à ce que les transportés ne se livrent à aucun de ces jeux, qui sont presque toujours le point de départ de fautes plus graves. En cas de flagrant délit, ils saisissent les enjeux ainsi que les sommes dont les joueurs se trouveraient munis. Ils dressent un procès-verbal mentionnant les sommes saisies et en opèrent le versement entre les mains du surveillant en chef, qui en délivre reçu.

DEUXIÈME PARTIE.

Devoirs généraux des transportés.

Les transportés doivent se montrer constamment respectueux envers les surveillants. Ils se découvrent lorsqu'ils ont à les entretenir et ne sont autorisés à le faire que pour des objets relatifs à leur travail et à leurs besoins.

Ils doivent obéir immédiatement et sans observations aux ordres qui leur sont donnés.

Les réclamations individuelles sont permises, celles collectives interdites.

Les jeux de hasard sont formellement défendus.

Réveil des transportés.

Après la prière, les surveillants de semaine font faire par les hommes la propreté de chaque case. Ils prennent les noms des malades, en dressent une liste et la remettent au surveillant-chef.

Ils s'assurent que les hamacs sont roulés, que les effets sont mis en ordre et que les cases sont balayées et appropriées.

Appel.

L'appel est fait par les surveillants; il a lieu suivant la nature des travaux, par peloton, chantier ou atelier.

Inspection de propreté des transportés.

Chaque matin, à l'appel, les surveillants s'assurent de la propreté des hommes.

Le samedi de chaque semaine, le travail est suspendu; la matinée est consacrée au lavage du linge, à la propreté des cases et du camp et aux corvées générales. Ces opérations ont lieu en présence des surveillants de service.

L'après-midi est accordée aux transportés pour leur propreté personnelle.

Chaque dimanche, avant la messe, les surveillants passent l'inspection de leur peloton en ce qui concerne l'entretien des effets, la propreté des hommes et la coupe obligatoire des cheveux et de la barbe pour les condamnés.

Le port du couteau dit de poche est toléré aux condamnés; ils en font seulement usage pour leurs repas. La lame est à charnière, terminée à angle droit sans partie convexe ni pointue: elle n'a de tranchant que d'un seul côté.

Ces couteaux, qui font partie de la musette du transporté, sont remis à la cuisine après chaque repas et repris le lendemain.

Les couteaux qui ne réuniraient pas les conditions de forme précitées seront saisis.

De la surveillance sur les travaux.

Les transportés se rendent sur les travaux formés

en un peloton marchant sur deux rangs, par le flanc, les contremaîtres sont placés en serre-file.

Le surveillant chargé de la conduite se tient en arrière du peloton à quelques pas, de manière à le surveiller. Il veille à ce que les hommes conservent leur rang; il fait observer l'ordre et le silence. Il tient la main à ce que les transportés soient vêtus de leur chemise de laine ou de coton, ou de leur vareuse pour se rendre au travail.

Les surveillants chargés du service des ateliers veillent à ce que les outils et matières délivrés pour les confections ne soient pas détournés de leur application; il est interdit aux transportés de s'en servir pour des confections particulières. Toute confection particulière quelle quelle soit est formellement interdite, si elle n'a pas été autorisée administrativement.

Il est également interdit aux transportés de travailler à ces confections particulières en dehors des heures réglementaires de travail au moyen des outils et matériaux délivrés aux ateliers.

De la nourriture des condamnés et libérés.

La nourriture des transportés varie suivant la race.

RACE EUROPÉENNE.

Pain.	0^k 750
Viande fraîche	o 250
Lard salé	o 180
Conserves de bœuf	o 200

Légumes secs............... 0^k 120 .
Saindoux................... 0 010
Sel........................ 0 022
Vin rouge.................. 0^l 25

Lundi et vendredi.
- Morue..... 0^k 250
- Vinaigre... 0^l 003
- Huile..... 0^k 010

pour les Européens ;

Lundi, mercredi, vendredi et samedi pour les Arabes.

Café.......... 0^k 017^g
Sucre......... 0 017 } arabes.

RACE NOIRE.

(Transportés autres que les Européens et Arabes.)

Couac ou pain................ 0^k 750
Tafia........................ 0^l 06
Poisson frais................ 1^k 000
   ou poisson salé........... 0 500
Lard salé.................... 0 200

Assaisonnement pour les poissons.

Huile d'olive................ 0^k 006
   ou saindoux............... 0 010

Distribution journalière des vivres.

La distribution des vivres pour les transportés a lieu chaque jour par les agents du service des vivres. Un surveillant de semaine y assiste et en suit les délivrances partielles sur l'extrait du bon journalier de vivres dont il est porteur; ce bon est divisé par plat, et chaque plat est représenté par un transporté.

Le surveillant s'assure que les quantités de denrées et de liquides revenant aux différents plats sont régulièrement délivrées par le magasin. En cas de mauvaise qualité apparente des denrées, le chef du service administratif en est informé par les agents du service des vivres, et le commandant par le surveillant de distribution.

Après la distribution, les vivres et les liquides sont escortés par le surveillant; les premiers sont remis au surveillant préposé à la surveillance de la grande cuisine; les seconds au surveillant-chef, qui en fait opérer la distribution aux différents plats à la sortie des ateliers.

Le surveillant chargé de l'infirmerie pénitentiaire se présente également à la distribution des vivres avec un extrait ou bon de vivres établi après la visite du matin du médecin qui est chargé de ce service. Ce bon indique les quantités de denrées et de liquides résultant de la prescription. (Décision du 23 mai 1870 réglant la constitution des infirmeries pénitentiaires.) *B. O. de la Guyane.*

De la grande cuisine.

Le surveillant chargé de ce service important veille personnellement à ce qu'il ne soit détourné aucune denrée et fait placer sous ses yeux, dans les marmites, les denrées et les légumes qu'elles doivent contenir.

Il s'assure que les aliments sont bien et proprement préparés et que les plats ou gamelles individuelles contiennent exactement la ration destinée à chaque homme. Aucune économie sur le saindoux, l'huile, etc., n'est tolérée.

Après chaque repas, les gamelles sont rapportées à la grande cuisine, qui procède à leur nettoyage.

Le surveillant de service est, en outre, responsable du bon entretien du fourneau en fonte qui sert à la préparation des aliments (système L. Vaillant ou autre) et prend toutes les précautions indiquées par la consigne affichée dans la cuisine pour le bon fonctionnement de ces appareils. (Instructions du 22 novembre 1847.)

Du logement des transportés.

La propreté et la tenue des cases occupées par les transportés incombent aux surveillants chefs de peloton ; cette visite a lieu chaque matin.

Les surveillants signalent, s'il y a lieu, la présence d'objets qui ne doivent pas y séjourner.

A moins de cas de force majeure, le surveillant ne doit procéder à une saisie de ces objets qu'en présence du condamné à qui ils appartiennent.

Tout objet, outil, etc., reconnu propriété de l'État et découvert dans une case ou bâtiment occupé, est immédiatement saisi et procès-verbal est dressé. Cette saisie donne lieu à enquête.

Les condamnés et les libérés ne devront jamais être confondus dans la même case; ils doivent avoir chacun un casernement distinct.

De l'habillement des transportés.

L'habillement des condamnés est uniforme; celui du libéré engagé par l'administration diffère du premier en quelques parties.

La composition du sac et la durée réglementaire des effets sont fixés au tableau n° 3 de la présente instruction.

Les surveillants passent l'inspection des sacs des hommes de leur peloton aux époques déterminées par le service intérieur des établissements; ils signalent l'absence des effets lorsque l'homme ne peut en justifier. Ils s'assurent que les effets délivrés ne sont pas modifiés dans la forme et portent l'empreinte du numéro matricule du possesseur.

Il veillent à ce que les transportés de leur peloton reçoivent aux époques réglementaires les effets d'habillement qui leur sont dus [1].

Lorsqu'un transporté est appelé à passer d'un pénitencier sur un autre, son sac doit être visité avec le plus grand soin au départ et à l'arrivée par son chef de peloton, qui s'assure en même temps de la tenue réglementaire du transporté.

---

[1] Ils font apposer sur ces derniers les marques réglementaires.

Régime disciplinaire.
Des punitions des transportes non libérés.

Les surveillants ne peuvent infliger directement aucune punition aux transportés ; c'est par la voie du rapport qu'ils font connaître à leurs chefs les fautes dont les transportés se sont rendus coupables (art. 27 du décret du 18 juin 1880).

Toutefois, lorsqu'un transporté est par son attitude une cause de scandale ou menace l'ordre, le surveillant devra procéder à son arrestation immédiate dans la forme indiquée ci-dessus (article 27 du décret du 18 juin 1880).

Le surveillant qui exerce le commandement d'un atelier extérieur ne peut infliger de punition à un transporté de son détachement que pour des fautes légères. Dans les cas graves, il inflige préventivement la prison (art. 27) et s'empresse, sous sa responsabilité personnelle, de transmettre, soit au directeur, soit au commandant du pénitencier le plus rapproché du lieu où il se trouve, un procès-verbal détaillé des faits ; il attend ensuite des ordres.

Les surveillants sont chargés de faire exécuter les punitions encourues par les transportés et prononcées par le commandant du pénitencier ou de l'atelier ; ils devront principalement surveiller l'exécution matérielle des privations qu'elles comportent.

Mais s'il est d'obligation étroite pour eux, au point de vue de l'ordre et de la discipline, de faire strictement exécuter les punitions infligées, il est de leur devoir rigoureux de n'apporter à leur exécution aucune modification atténuante ou aggravante. Les surveillants ne sont en ce cas qu'un instrument d'exécution, et leur responsabilité se trouverait par suite sérieusement mise en jeu, s'ils transgressaient, pour une cause ou pour une autre, les ordres donnés.

Les surveillants chargés de l'escorte des transportés sont autorisés, lorsque la chose semble nécessaire, à se servir de la chaîne flexible en usage dans la gendarmerie pour l'escorte des prisonniers. L'emploi des poucettes ou de tout autre moyen matériel de coercition est sévèrement interdit.

Les condamnés sont répartis en cinq classes, d'après leur état moral, leur conduite et leur assiduité au travail.

Les punitions disciplinaires qui peuvent être infligées aux condamnés aux travaux forcés sont les suivantes :

1° Retranchement de vin ou de tafia ;
2° Prison pendant la nuit ;
3° Boucle simple ou double ;
4° La cellule ;
5° La mise au peloton de correction ;
6° Le peloton de correction avec la chaîne simple ;
7° Le peloton de correction avec la chaîne double ;
8° Le cachot avec la double chaîne ou la double boucle.

Chacune de ces peines peut se cumuler avec le renvoi dans une classe inférieure et avec la privation de salaires (art. 11 du décret du 18 juin 1880).

Les transportés soumis pendant la durée de leur peine à la discipline militaire en sont affranchis immédiatement après leur libération et demeurent seulement assujettis à la loi et à la juridiction militaire, pendant le temps de leur résidence forcée dans la colonie. (Instructions du 15 mai 1873. Col. 3ᵉ B.).

De la correspondance des transportés.

La correspondance des transportés quelle qu'elle soit est déposée par eux dans une boîte disposée à cet effet sur chaque établissement.

Les surveillants doivent veiller à ce qu'aucune autre voie que celle administrative ne soit employée pour la faire parvenir. Ils s'empareront de toute correspondance clandestine et en feront le dépôt entre les mains du surveillant-chef. Ils veilleront surtout à ce que les lettres ne soient pas confiées à d'autres transportés chargés de les introduire sur les établissements ou ateliers extérieurs placés en dehors du contrôle direct de l'administration. S'ils s'apercevaient que des lettres fussent confiées par des transportés à des agents de l'administration ou adressées de France à ces derniers pour être remises à des transportés, ils en rendraient compte sur-le-champ.

Il est formellement interdit à tout surveillant de recevoir des lettres provenant des familles de transportés, ainsi que de l'argent à leur adresse. Dans le cas où les familles ignorant les formalités à remplir adresseraient aux surveillants des lettres ou de l'argent, ces derniers en feraient la remise contre reçu, au surveillant-chef.

De la retraite et de l'appel du soir.

La retraite a lieu chaque soir aux heures réglementaires.

L'appel du soir se fait dans les cases après la prière; un surveillant y assiste. Il est interdit aux transportés de parcourir le camp pendant la nuit. Le contre-maître de la case doit veiller au bon état de la lampe allumée dans chaque case la nuit. Le fanal qui la contient doit être fermé à clef.

DÉCRET DU 18 JUIN 1880,
CONCERNANT LE RÉGIME DISCIPLINAIRE DES ÉTABLISSEMENTS DE TRAVAUX FORCÉS.

TITRE PREMIER.
DES CLASSES DE CONDAMNÉS DANS LES COLONIES PÉNITENTIAIRES.

Le personnel des condamnés aux travaux forcés qui subissent leur peine dans les colonies pénitentiaires est divisé en cinq classes déterminées d'après *la situation pénale*, *l'état moral*, *la conduite* et *l'assiduité au travail* des condamnés (art. 1er du décret du 18 juin 1880).

Le passage d'un condamné à la classe supérieure a lieu par décision du gouverneur sur la proposition du directeur de l'admistration pénitentiaire (art. 9 du décret).

Aucun condamné n'est proposé pour l'avancement en classe, s'il n'a été effectivement employé *pendant six mois* aux travaux de sa classe (art. 9 du déc.).

Le renvoi d'un condamné à la classe inférieure peut être prononcé pour les fautes prévues à l'article 14 du décret et pour les récidives des fautes prévues à l'article 12. Il est prononcé pour les fautes prévues à l'article 16.

Le renvoi à la 5e classe peut être prononcé pour les fautes prévues à l'article 16 et pour les récidives des fautes prévues à l'article 14. Il est prononcé pour les récidives des fautes prévues à l'article 16 et à la suite de toute condamnation par un conseil de guerre.

Le renvoi à une classe inférieure est prononcé par le gouverneur, sur l'avis du directeur (art. 25 du décret).

1re CLASSE.	2e CLASSE.	3e CLASSE.	4e CLASSE.	5e CLASSE.
Comprend les hommes les mieux notés. Peuvent seuls être nommés concessionnaires; Peuvent être employés par les habitants dans les conditions déterminées par l'article 2 du décret, les ouvriers exceptés; Peuvent être employés par les services publics (1); Sont autorisés à toucher sur leur pécule disponible une somme mensuelle fixée à 6 francs. (1) Ils reçoivent dans ce dernier cas le maximum des salaires fixé par les tarifs de l'administration pénitentiaire. (Art. 2.)	Sont employés aux travaux agricoles du service pénitentiaire; Aux travaux publics pour le compte de l'État ou de la colonie; Reçoivent un salaire moins élevé que les condamnés de 1re classe (art. 3). Sont autorisés à toucher sur leur pécule disponible une somme mensuelle fixée à 6 francs.	Sont employés aux travaux publics pour le compte de l'État ou de la colonie; Ne reçoivent de salaires qu'à titre de récompense exceptionnelle dans les conditions déterminées par l'article 4 du décret (art. 4). Ne peuvent disposer de leur pécule disponible.	Sont employés aux travaux publics les plus pénibles; Ils ne reçoivent pas de salaires; Ils peuvent obtenir deux fois par semaine une gratification de vin ou de tafia dans les conditions déterminées par l'article 5 du décret; Sont astreints au silence et isolés la nuit; Ils ne reçoivent aucune visite (art. 5). Tout transporté incorporé, non récidiviste, est classé de droit à la 4e classe (art. 8). Ne peuvent disposer de leur pécule disponible.	Les condamnés de la 5e classe sont traités comme ceux de la 4e; Ils ne reçoivent en aucun cas des gratifications de vin ou de tafia (art. 7). Tout transporté récidiviste incorporé est placé de droit à la 5e classe (art. 8). Ne peuvent disposer de leur pécule disponible.

Les condamnés des quatre premières classes ne peuvent recevoir des rations de vin et de tafia à titre de gratification pour des travaux exceptionnels, que dans les conditions fixées par le second paragraphe de l'article 4 (art. 6).

Chaque classe peut être divisée en catégories, par arrêté du gouverneur, sans que les condamnés placés dans les différentes catégories cessent d'être soumis au régime de la classe à laquelle ils appartiennent (art. 10).

Les fautes devront être punies des peines qu'elles comportent. Ces dernières ne peuvent être ni aggravées ni atténuées.

TITRE II.
DES FAUTES ET DES PEINES.

Les peines corporelles sont supprimées (art. 12).

Punitions disciplinaires pouvant être infligées aux condamnés aux travaux forcés.

1° RETRANCHEMENT DE VIN ET DE TAFIA. (Art. 11.)	2° PRISON PENDANT LA NUIT. (Art. 11.)	3° BOUCLE SIMPLE OU DOUBLE, ANCIENNE PEINE DES FERS. (Art. 11.)	4° CELLULE. (Art. 11.)
Est infligé pour les fautes légères, telles que : Inconvenance envers un fonctionnaire ; Ivresse ; Jeu d'argent ; Infraction aux règlements ; Paresse ou mauvaise volonté au travail (art. 11). Peut être infligé pour 15 jours au plus (art. 12). Pour les mêmes fautes, les condamnés de la 4e et de la 5e classe sont punis pendant le même temps de la prison de nuit (art. 12). En outre, en cas de récidive dans les trois mois, les condamnés des deux premières classes sont privés de salaires, ceux de la 3e sont punis de la prison, et ceux de la 4e et de la 5e classe de la boucle simple ou double (art. 13).	Chacune de ces peines peut se cumuler Est infligée pour les fautes plus graves, telles que : Insolence envers un fonctionnaire ; Insubordination ; Ivresse avec tapage ; Paresse et mauvaise volonté au travail, persistantes ; Refus d'obéir ou de travailler ; Rixe (art. 14). Est infligée pour un mois au plus. Entraîne le retranchement absolu de vin ou de tafia et la suppression des salaires. Le condamné qui la subit couche sur un lit de camp. S'il est de la 4e ou de la 5e classe, il est mis à la boucle simple ou double. En cas de récidive dans les trois mois, la prison est remplacée par la cellule ordinaire (art. 14).	avec le renvoi dans une classe inférieure et avec la privation de salaires (art. 12). La boucle simple ou la double remplace la prison et la cellule dans les ateliers et les camps où n'existent pas de lieux de détention. Elle peut être infligée en addition à la prison ou à la cellule, pour les fautes prévues par les articles 14 et 16 (art. 15).	La cellule est infligée pour des fautes très graves, telles que : Actes d'immoralité ; Coups et violences envers un transporté ; Insulte ou menace envers un agent ou un fonctionnaire ; Lacération volontaire d'effets réglementaires ; Tentative d'évasion ; Rébellion, mutinerie ; Vol ou larcin (art. 16). Est infligée pour deux mois au plus. Entraîne le retranchement absolu de vin ou de tafia. Les condamnés qui la subissent couchent sur un lit de camp et peuvent être mis au pain sec un jour sur trois. Ils ne reçoivent ni visites, ni lettres. Ils sont astreints au travail. En cas de récidive dans les trois mois, les condamnés coupables des fautes énoncées ci-dessus sont, à l'expiration de leur peine, placés au peloton de correction pendant deux mois au plus (art. 16).

Le retranchement et la prison de nuit avec ou sans boucle peuvent être infligés par le sous-directeur, par le commandant du pénitencier ou à défaut par le chef du camp (art. 21). La suppression des salaires, la prison de nuit, la cellule, la mise ou peloton de correction, la chaine simple et la chaine à deux sont infligées par le directeur, sur le rapport du sous-directeur, du commandant du pénitencier ou de chef du camp. La suppression des salaires peut être prononcée aussi par le directeur, sur la proposition du chef de service qui emploie le condamné (art. 22). La peine du cachot est prononcée par décision du gouverneur, sur le rapport du directeur (art. 23).

TITRE II. (Suite.)

DES FAUTES ET DES PEINES. (Suite.)

Punitions disciplinaires pouvant être infligées aux condamnés aux travaux forcés. (Suite.)

Les fautes devront être punies des peines qu'elles comportent. Ces dernières ne peuvent être ni aggravées ni atténuées.

Les peines corporelles sont supprimées (art. 11).

5° MISE AU PELOTON DE CORRECTION. (Art. 11.)	6° PELOTON DE CORRECTION AVEC LA CHAÎNE SIMPLE. (Art. 11).	7° PELOTON DE CORRECTION AVEC LA CHAÎNE À DEUX. (Art. 11.)	8° CACHOT AVEC LA DOUBLE CHAÎNE ou la double boucle. (Art. 11.)

Chacune des peines peut se cumuler avec le renvoi dans une classe inférieure et avec la privation de salaires (art. 11).

5° MISE AU PELOTON DE CORRECTION	6° PELOTON DE CORRECTION AVEC LA CHAÎNE SIMPLE	7° PELOTON DE CORRECTION AVEC LA CHAÎNE À DEUX	8° CACHOT AVEC LA DOUBLE CHAÎNE ou la double boucle
Les condamnés du peloton de correction sont soumis au même régime que ceux de la 5e classe. Ils sont de plus, en dehors des heures de travail, enfermés dans leurs cases ou employés aux corvées intérieures les plus pénibles (art. 17).	Les condamnés au peloton de correction qui commettent de nouvelles fautes peuvent être mis à la chaîne simple ou à la chaîne à deux pendant quinze jours au plus (art. 18).	La peine de la chaîne à deux ne peut être appliquée que pendant le jour (art. 18).	Le cachot est infligé pour un mois au plus : 1° Aux condamnés qui ont encouru cinq fois la punition de la cellule ordinaire ou qui ont subi cette punition pendant plus de soixante jours ; 2° Aux condamnés placés au peloton de correction qui se sont rendus coupables d'une des fautes prévues par l'article 16 du décret. La peine du cachot entraîne le retranchement absolu de vin ou de tafia et la mise au pain sec deux jours sur trois. Le prisonnier est mis à la double chaîne ou à la double boucle et couche sur un lit de camp (art. 19).

Le retranchement et la prison de nuit avec ou sans boucle peuvent être inflig[és] par le sous-directeur, par le commandant du pénitencier ou à défaut par le chef du camp (art. 21). La suppression des salaires, la prison de nuit, la cellule, la mi[se] au peloton de correction, la chaîne simple ou la chaîne à deux sont infligées par le directeur, sur le rapport du sous-directeur, du commandant du pénitencier ou d[u] chef du camp. La suppression des salaires peut être prononcée aussi par le directeur, sur la proposition du chef de service qui emploie le condamné (art. 22). La peine du cachot est prononcée par décision du gouverneur, sur le rapport du directeur (art. 23).

ANNEXES.

N° 1.

**Classification pénitentiaire des transportés
des deux sexes de toutes les catégories.**

Condamnés aux travaux forcés à perpétuité ou à temps.... } Transportés de la 1re catégorie.

Condamnés à la reclusion .... } Transportés de la 2e catégorie.

Individus en rupture de ban, affiliés aux sociétés secrètes. } Transportés de la 3e catégorie, 1re section.

Condamnés à l'emprisonnement, avec ou sans surveillance................. } Transportés de la 3e catégorie, 2e section.

Libérés à résidence perpétuelle ou temporaire. (Transportés de la 1re catégorie ayant purgé leur peine.)........ } Transportés de la 4e catégorie, 1re section.

Libérés ayant purgé leur résidence et n'étant plus soumis qu'à la surveillance de la haute police............. } Transportés de la 4e catégorie, 2e section, ou résidents volontaires.

Les transportés sont divisés en trois races :

Race européenne,

Race arabe,

Race noire; cette race comprend :

Les transportés de race noire proprement dite,

Les coolies,

Les Annamites.

N° 2.

RATION JOURNALIÈRE DE VIVRES.

TRANSPORTÉS.

Race européenne (Européens et Arabes).

Pain....................	0^k 750	Lundi	morue..	0^k 250
Farine à 20 p. o/o....	0 612	et	vinaigre.	0^l 03
ou couac..........	0 750	vendredi	huile...	0^k 010
ou biscuit........	0 550	pour les Européens;		
Viande fraîche [1].....	0 250			
Lard salé [2].........	0 180	Et lundi, mercredi, ven-		
Conserves de bœuf....	0 200	dredi et samedi pour les		
Légumes secs [3].....	0 120	Arabes.		
Riz.................	0 070			
Saindoux..........	0 010	Café..... 0^k 017	Arabes.	
Sel.................	0 022	Sucre.... 0 017		
Vin rouge..........	0^l 25			

Race noire.

(Transportés autres que les Européens et Arabes.)

Couac..............	0^k 750
ou pain [4]........	0 750
Tafia..............	0^l 06
Poisson frais........	1^k 000
ou poisson salé....	0 500
Lard salé [5].........	0 200

Assaisonnement pour les poissons.

Huile d'olive........	0^k 006
ou saindoux.......	0 010

[1] Remplacée par conserves de bœuf.
[2] Remplacé par poisson frais 1 kil. ou 500 gr. poisson salé.
[3] Les légumes secs et le riz peuvent être remplacés par du poisson frais ou des légumes verts, à raison de 500 grammes l'un.
[4] Dans le cas où le couac manquerait.
[5] Si le poisson frais ou salé manquait.

N° 3.

Composition du sac des transportés.

NOMENCLATURE DES EFFETS.	QUAN-TITÉ.	DURÉE DES EFFETS.		OBSERVATIONS.
		Année.	Tri-mestre	
Chapeau de paille...	1	"	3	(1) Il est accordé une paire de souliers de plus par an aux hommes employés aux exploitations forestières.
Chemises de coton...	3	"	2	
Chemise de laine....	1	2	"	
Vareuses de toile....	2	.1	"	(2) Il est accordé, par dépêche ministérielle du 27 novembre 1866, n° 615, un pantalon de molleton tous les six mois au personnel transporté employé aux exploitations forestières.
Brosses à laver.....	1	1	"	
Peigne...........	1	3	"	
Sac.............	1	4	"	
Souliers (paire) (1)..	1	1	"	
Sabots (paire).....	1	"	1	
Hamac...........	1	3	"	
Couverture........	1	4	"	
Pantalons de toile (2).	3	"	2	
Gamelle en fer battu.	1	"	"	
Cuiller en fer.......	1	"	"	
Fourchette en fer....	1	"	"	

N° 4.

PROCÈS-VERBAL [1]

sur un cas de submersion.

Cejourd'hui...

Nous soussignés ....

surveillants de...... classe., sur l'ordre que nous en avons reçu de nos chefs, nous sommes transportés, revêtus de notre uniforme, sur le bord de la rivière, à Saint-Laurent, à l'effet de dresser un procès-verbal sur un cas de submersion.

A notre arrivée sur le bord de la rivière, nous avons trouvé un cadavre qu'on avait étendu sur une roche et qu'on a trouvé noyé dans la rivière; le corps annonce une forte constitution : il n'existe aucun signe de putréfaction apparent : les membres sont souples. La tête est nue ainsi que le torse, un pantalon de toile seul couvre le cadavre, ce vêtement porte le numéro matricule 10546, qui n'est pas celui du transporté 9427 Simon (Jules), qui a disparu hier. Les bras portent un tatouage qui correspond avec celui du signalement dudit Simon. La taille du cadavre et les autres détails du signalement nous permettent d'établir l'identité dudit Simon (Jules), transporté de la 1re catégorie, numéro matricule 9427, disparu le 10 courant, reconnu en outre par les transportés (*les désigner*).

[1] Tous les procès-verbaux et interrogatoires sont entièrement écrits de la main des surveillants.

Nous remarquons une plaie ou contusion violente à
la tête du côté gauche du cadavre.

Fait à Saint-Laurent, les jour, mois et an que dessus.

N° 5.

PROCÈS-VERBAL

sur un cas de suspension ou pendaison.

Cejourd'hui......................................

Nous soussigné............................,
surveillant de ...., classe, revêtu de notre uniforme,
en service de ronde de Saint-Maurice à Saint-Laurent,
rendons compte à nos chefs avoir trouvé un transporté pendu dans la forêt, dans les circonstances
suivantes :

Nous avons quitté Saint-Maurice à six heures du
matin, nous dirigeant sur Saint-Laurent, lorsque dans
la partie boisée de la route qui sépare le 7° groupe du
9°, nous avons aperçu un homme pendu à une branche
d'un arbre éloigné de la route de quelques mètres.
Nous avons dû attendre les secours d'un passant, et
aussitôt l'un d'eux, après avoir escaladé, coupa la
corde, le corps tomba sur le sol, il ne donnait plus
signe de vie.

Une corde lisse de la grosseur du doigt formait un
nœud coulant fortement serré autour du cou. Le nœud
de cette corde était placé sous la partie droite du men-

ton ; la tête fortement renversée en arrière est inclinée à gauche. La face ne présente la trace apparente d'aucune contusion, une mucosité écumeuse sort de la bouche, les yeux sont à demi voilés par les paupières, les dents rapprochées.

Le corps est couvert d'une chemise de coton sans numéro et d'un pantalon de toile portant le n° 10754 qui est celui du nommé SIRA, transporté de la 4° catégorie, 1re section, concessionnaire, absent de sa concession depuis le 7 courant. Ce cadavre, dont le signalement apparent coïncide exactement avec celui de la feuille matriculaire, est reconnu par les concessionnaires ou autres ci-après : (*les désigner nominativement*), pour être le nommé.......... numéro matricule......... disparu le.........................

Après nous être assuré par l'état des lieux qu'aucun froissement du sol n'accusait de lutte et qu'il n'existait sur les lieux et dans les environs aucun indice matériel qui puisse faire soupçonner un crime, nous avons saisi comme pièce de conviction la corde qui entourait la branche, et couvert le cadavre; nous l'avons ainsi gardé jusqu'à l'arrivée de M. le médecin chargé de faire le rapport médical.

N° 6.

PROCÈS-VERBAL

sur un cas d'homicide.

Cejourd'hui...

Nous soussigné...

surveillant de.....classe, revêtu de notre uniforme,
informé qu'un crime venait de se commettre à quelques mètres de la case 114, nous sommes transporté
sur les lieux, où nous avons remarqué ce qui suit :

C'est à six heures un quart du matin que nous ap-
prîmes qu'un crime venait de se commettre ; nous nous
sommes de suite transporté, revêtu de notre uniforme,
vers la case 114, occupée par des transportés. Un ras-
semblement assez grand empêchait la circulation ; nous
l'avons dissipé sans peine et nous nous sommes trouvé
en face d'un transporté étendu sur le sol, portant sur
sa chemise des traces sanglantes, et d'un autre transporté désigné par des témoins pour être l'auteur du
crime, que nous avons arrêté sur-le-champ.

Le transporté couché à terre est étendu de son long,
incliné sur le côté gauche, les bras et les jambes légè-
rement fléchis, la tête est nue, les yeux sont fermés,
une chemise et un pantalon couvrent le corps. La chemise porte des traces sanglantes du côté gauche, où le
coup semble avoir été porté, le sang coule avec abon-
dance sur les vêtements ; nous faisons relever de suite
le blessé pour lui porter secours en attendant l'arrivée
du médecin. Le transporté désigné comme le meur-

lrier était à notre arrivée assis à quelque pas du cadavre; à notre approche, il a relevé la tête; la face
était pâle, le regard assuré, la parole saccadée; il
semble sous l'empire d'une violente surexcitation
nerveuse; il n'est pas ivre. Après quelques recherches
autour du lieu où le crime a été commis, nous avons
trouvé dans la boue un couteau à pointe effilée, dont
le manche est en bois et dont la lame, sans charnière,
a 15 centimètres de longueur sur 3 centimètres à sa
base; ce couteau porte des traces de sang; nous l'en-
veloppons avec soin sans effacer la trace du sang ni
sans enlever la terre mouillée qui l'enveloppe; c'est
la seule preuve matérielle du crime que nous ayons
rencontrée. Le sang qui couvrait les vêtements de la
victime nous a empêché de distinguer le numéro
matricule empreint sur les effets, mais nous avons
appris par les témoins que cet homme est le sieur
JUDAZE (Louis), numéro matricule 13500, transporté
de la 1ʳᵉ catégorie.

Nous avons ensuite recherché les témoins du crime;
ils sont au nombre de quatre.

(*Indiquer les noms, prénoms et la catégorie.*)

(*S'il y a des témoins libres, les indiquer également.*)

Le transporté désigné comme auteur du crime est
le nommé T. T....

Et nous avons clos le présent procès-verbal pour
servir ce que de droit, en y joignant, dûment enve-
loppées et ficelées, les pièces à conviction au nombre
d'une.

Fait aux îles du Salut, les jour, mois et an que dessus.

N° 7.

PROCÈS-VERBAL

d'interrogatoire du nommé Siras, *transporté de la*
1ʳᵉ catégorie, numéro matricule 4742.

Cejourd'hui..
Nous,................. surveillant de 2ᵉ classe,
sur l'ordre qui nous a été donné d'avoir à procéder à
l'interrogatoire du transporté de la 1ʳᵉ catégorie Siras,
numéro matricule 4742, avons fait extraire de la prison ledit transporté et l'avons fait conduire devant
nous, à notre caserne, où, revêtu de notre uniforme,
nous l'avons interrogé ainsi qu'il suit :

Interpellé de déclarer ses nom, prénoms, âge, lieu
de naissance, profession et domicile, a répondu se
nommer Siras (Louis-Émile) dit *Lunette,* transporté de
la 1ʳᵉ catégorie, numéro matricule 4742, âgé de 45 ans,
né à Paris (Seine), profession de menuisier, en ce moment interné sur le pénitencier de l'Île-Royale (îles du
Salut).

D. — Vous êtes accusé d'avoir, dans la matinée du
26 juillet dernier, vers cinq heures et demie du matin,
frappé de plusieurs coups de couteau le transporté
Bara, de la 1ʳᵉ catégorie, numéro matricule 13317,
au moment où ce dernier sortait de sa case. Qu'avez-
vous à dire pour votre justification ?

R. — *(Laisser parler jusqu'au bout; se bien donner*
garde d'interrompre; transcrire la déclaration et ne con-

tinuer l'interrogatoire que lorsque l'accusé déclare n'avoir plus rien à ajouter.)

D. — Ce serait donc à la suite d'une querelle qui aurait pris naissance le matin même du 26 juillet que vous avez frappé Siras ?

R. — Oui.

D. — Connaissiez-vous Siras depuis longtemps et aviez-vous avec lui des relations de camaraderie ?

R. — Je le connaissais très peu ; cependant je lui avais rendu quelques services d'argent.

D. — Quel a été le motif de votre querelle et quelles sont les insultes dont vous vous plaignez et qui ont provoqué de votre part les coups que vous avez portés ?

R. — Siras niait me devoir de l'argent, refusait de m'en donner quand il en avait ; ce matin-là, il m'a traité de canaille et de voleur.

D. — Ce sont là les motifs qui vous ont porté à le frapper ?

R. — Oui.

D. — Avec quel instrument l'avez-vous frappé ?

R. — Avec un couteau.

D. — Où se trouvait ce couteau pendant que vous vous disputiez ?

R. — Je ne sais pas ; dans la discussion, le sang m'a monté à la tête, j'ai trouvé ce couteau sous ma main, sans le chercher, et j'ai frappé.

D. — Étiez-vous dans la ca-e au moment où vous avez frappé ?

R. — Non, dehors.

D. — Votre querelle a-t-elle eu lieu à voix haute •
et a-t-on pu l'entendre ?

R. — Oui.

D. — Reconnaissez-vous ce couteau pour être celui
avec lequel vous avez frappé ?

R. — Non.

D. — Puisqu'il ne vous appartient pas, connaissez-
vous son propriétaire ?

R. — Non.

D. — Vous rappelez-vous combien de coups vous
avez portés ?

R. — Deux; il s'est affaissé et je me suis assis.

D. — Votre intention était-elle d'attenter à sa vie ?

R. — Non; j'ai frappé étant en colère, mais je ne
voulais pas le tuer.

D. — Puisque vous déclarez ne pas connaître le
couteau que nous vous présentons, dites-nous de quelle
arme vous vous êtes servi?

R. — D'un couteau de poche.

D. — Qu'en avez-vous fait ?

R. — Dans mon trouble, je l'ai jeté; je ne sais pas
ce qu'il est devenu.

D. — Ce couteau était-il votre propriété?

R. — Oui.

D. — Avez-vous quelque chose à ajouter à votre
défense ?

R. — Non, je n'ai rien à dire de plus.

• Lecture faite audit Siras de ce procès-verbal d'interrogatoire, il a dit ses réponses être fidèlement souscrites, et nous avons signé, ce transporté ayant déclaré ne savoir le faire,

Fait à l'Ile-Royale, les jour, mois et an que dessus.

L'Accusé,   *Le Surveillant,*

N° 8.

PROCÈS-VERBAL

d'interrogatoire des témoins de l'affaire SIRAS.

Cejourd'hui...
Nous, surveillant ....
nous les avons interrogés comme suit, hors la présence les uns des autres.

1er Témoin.

A déclaré se nommer Paul-Émile, transporté de la 4ᵉ catégorie, n° matricule 2727, interné aux îles, a déposé ainsi qu'il suit :

(*Recevoir la déclaration sans l'interrompre.*)

D. — Savez-vous s'il existait des relations autres que celles de la camaraderie entre Siras et la victime ?

R. — Je le crois.

D. — Avez-vous entendu le bruit causé par une querelle le matin du 26?

R. — Il n'y a eu aucune querelle. Siras est sorti de la case avant moi; il s'est assis sur la marche, la figure tournée vers l'intérieur de la case. Bara est sorti peu après pour l'appel. Siras s'est aussitôt levé, a fait quelques pas côte à côte avec Bara; j'ai vu alors ce dernier tomber en criant à l'assassin.

D. — Siras, qu'a-t-il fait alors?

R. — Il est venu s'asseoir à la même place en disant : Tu ne recommenceras plus, et il a jeté un couteau loin de lui.

D. — Reconnaissez-vous ce couteau pour celui dont il s'est servi?

R. — Non, je ne puis le reconnaître, je n'ai pas vu l'arme; le jour n'était pas encore tout à fait fait.

Lecture faite de sa déposition, le témoin a signé.

Le Témoin,   *Le Surveillant,*

2' *Témoin.*

A déclaré se nommer..

D. — Quels renseignements pouvez-vous donner sur le meurtre accompli par le transporté Siras, dont vous n'avez pas été témoin ?

3.

R. — Il y a un mois, Siras faisant partie d'une corvée à l'hôpital des îles enleva dans la cuisine un couteau; je le vis, j'y étais.

D. — Savez-vous autre chose?

R. — Non.

D. — Reconnaissez vous ce couteau ?

R. — Je ne sais pas si c'est le même, je sais qu'il en a volé un.

3ᵉ Témoin.

A déclaré se nommer...........................

D. — Vous couchiez près de Bara, qui a été tué ?

R. — Oui.

D. — Que savez-vous sur le meurtre ?

R. — Le 25 juillet après l'appel, Siras s'approcha de Bara, qui causait, et l'engagea à aller se coucher, qu'il avait à lui parler. Bara refusa et s'y rendit plus tard.

D. — Avez vous vu autre chose ?

R. — A neuf heures, Siras s'approcha du hamac de Bara, on n'y voyait pas très clair, il lui parla à l'oreille, je ne voyais pas la position de ses mains. Mais Siras s'apercevant que j'étais éveillé retira sa main droite de la poche de son pantalon et s'éloigna en murmurant des mots que je n'entendis pas.

D. — Où étiez-vous quand le crime a été commis ?

R. — Je roulais mon hamac et Bara n'était plus près de moi.

Fait et clos à   le

N° 9.

LOI

sur l'exécution de la peine des TRAVAUX FORCÉS.
(Transportés de la 1ʳᵉ catégorie.)

D. — Quelle date porte la loi relative à l'exécution de la peine des travaux forcés ?

R. — Celle du 30 mai 1854.

D. — Dans quels lieux cette peine doit-elle être subie ?

R. — Dans des établissements créés sur le territoire des possessions françaises autres que l'Algérie.

D. — A quels travaux les condamnés sont ils soumis ?

R. — Aux travaux les plus pénibles de la colonisation et tous autres travaux d'utilité publique.

D. — Quelles sont les punitions disciplinaires qu'ils encourent ?

R. — Ils peuvent être enchaînés deux à deux ou assujettis à traîner le boulet.

D. — La loi du 30 mai 1854 est-elle applicable aux femmes condamnées ?

R. — Oui, elles peuvent être conduites dans les établissements créés aux colonies ; elles sont séparées des hommes et employées à des travaux en rapport avec leur âge et avec leur sexe.

D. — La peine des travaux forcés à perpétuité ou à temps peut-elle être prononcée contre un individu âgé de soixante ans ?

R. — Non, s'il a soixante ans accomplis au moment du jugement.

D. — Par quelle peine est-elle remplacée ?

R. — Par celle de la reclusion, soit à perpétuité, soit à temps, selon la durée de la peine qu'elle remplacera.

D. — Les individus des deux sexes d'origine africaine ou asiatique, condamnés par les tribunaux de la Guyane, de la Martinique, de la Guadeloupe et de la Réunion, peuvent-ils être envoyés dans les établissements pénitentiaires de la Guyane ?

R. — Oui. (Décret du 20 août 1853.)

N° 10.

DÉCRET

portant que les individus des deux sexes d'origine africaine ou asiatique, condamnés à la RECLUSION par les

tribunaux de la Guyane, de la Martinique, de la Guadeloupe et de la Réunion, peuvent être envoyés dans les établissements pénitentaires de la Guyane.

(Transportés de la 2ᵉ catégorie.)

D. — Quelle date porte ce décret?

R. — Celle du 20 août 1853.

D. — Les reclusionnaires doivent-ils être séparés des condamnés aux travaux forcés?

R. — Oui, autant que possible.

D. — Que devient le reclusionnaire à l'expiration de sa peine ?

R. — Il est renvoyé dans la colonie dont il provient.

N° 11.

DÉCRET

concernant les individus placés sous la SURVEILLANCE DE LA HAUTE POLICE et les individus RECONNUS COUPABLES D'AVOIR FAIT PARTIE D'UNE SOCIÉTÉ SECRÈTE.

(Transportés de la 3ᵉ catégorie.)

D. — Quelle date porte ce décret?

R. — Celle du 8 décembre 1851.

D. — Quelle est la durée de la transportation?

R. — Cinq ans au moins, dix ans au plus.

D. — Dans quels lieux doivent-ils la subir ?

R. — Dans une colonie pénitentiaire, à Cayenne ou en Algérie.

D. — Sont-ils assujettis au travail sur l'établissement pénitentiaire?

R. — Ils sont assujettis au travail sur l'établissement pénitentiaire.

D. — Ces prescriptions sont-elles applicables aux femmes de cette catégorie?

R. — Elles le sont.

N° 12.

De la résidence des transportés à la Guyane.

D. — Quels sont les transportés qui y sont soumis?

R. — Les condamnés aux travaux forcés à temps.

D. — Dans quelle limite?

R. — Le condamné à moins de huit années de travaux forcés est tenu d'y résider pendant un temps égal à la durée de sa condamnation. Si la peine est de huit années, il est tenu d'y résider toute sa vie. (Loi du 30 mai 1854.)

D. — Quels sont les transportés qui ne sont pas soumis à la résidence?

R. — 1° Les reclusionnaires des deux sexes;

2° les repris de justice ou affiliés aux sociétés secrètes.

D. — Les individus des deux sexes condamnés aux travaux forcés par les tribunaux de la Guyane sont-ils astreints à la résidence?

R. — Non, ils cessent d'appartenir à la transportation, à l'expiration de leur peine.

D. — Que deviennent les transportés libérés qui ont terminé leur temps de résidence ?

R. — Ils sont renvoyés en France sous la surveillance de la haute police, ou maintenus à la Guyane sous le titre de résidents volontaires.

D. — Les commutations ou remises de peine accordées au condamné modifient-elles le temps de résidence qui lui est imposé par la loi ?

R. — En aucun cas, même en cas de grâce, le libéré ne pourra être dispensé de l'obligation de la résidence que par une disposition spéciale des lettres de grâce.

N° 13.

Abolition de la mort civile.

(Loi du 31 mai 1854.)

D. — Quel est l'objet de la loi du 31 mai 1854 ?

R. — L'abolition de la mort civile.

D. — Quelle peine l'a remplacée ?

R. — La dégradation civique et l'interdiction légale établie par les articles 28, 29 et 31 du Code pénal, lorsqu'il s'agit de condamnations à des peines afflictives perpétuelles.

D. — Quelle catégorie de transportés concerne-t-elle ?

R. — Celle des condamnés aux travaux forcés à perpétuité.

N° 14.

Jurisprudence et compétence des tribunaux militaires de la Guyane vis-à-vis des transportés de toutes les catégories.

D. — Quel est le décret qui rend justiciables des conseils de guerre des colonies les transportés qui y sont envoyés ?

R. — Le décret du 21 juin 1858.

D. — Quelles sont les catégories de transportés qui en sont justiciables ?

R. — 1° Tous les transportés subissant, à quelque titre que ce soit, la transportation dans les colonies françaises;

2° Les condamnés aux travaux forcés subissant leur peine sur le territoire de ces colonies;

3° Les libérés et repris de justice tenus d'y résider.

D. — Les dispositions du décret du 29 août 1855 ont-elles été abrogées par le décret du 21 juin 1858 ?

R. — Non, tous les transportés subissant à quelque titre que ce soit la transportation sont soumis à la subordination et à la discipline militaires ; les lois militaires leur sont applicables. Ces dispositions sont également applicables aux repris de justice et aux libérés tenus de résider dans la colonie.

D. — De quels tribunaux sont justiciables les individus civils prévenus de complicité dans l'évasion ou la tentative d'évasion des transportés ?

R. — Des tribunaux militaires.

D. — De quels tribunaux relèvent les repris de justice et les libérés qui ont terminé leur temps de transportation et de résidence ?

R. — Des tribunaux civils.

D. — Vis-à-vis de quelle catégorie de transportés les surveillants procèdent-ils comme agents de la police judiciaire ?

R. — Vis-à-vis des transportés de toutes les catégories.

N° 15.

De l'évasion des transportés. — Pénalité.

D. — Quelle peine encourt le condamné aux travaux forcés à temps (1re catégorie) qui, à dater de son embarquement, se rend coupable d'évasion ?

R. — De deux ans à cinq ans de travaux forcés. (Loi du 30 mai 1854.)

D. — Quelle peine encourt le condamné aux travaux forcés à perpétuité (1re catégorie)?

R. — L'application de la double chaîne pendant deux ans au moins et cinq ans au plus. (Loi du 30 mai 1854.)

D. — Cette peine peut-elle se confondre avec celle antérieurement prononcée ?

R. — En aucun cas.

D. — Quelle peine encourt le reclusionnaire (2e catégorie) ?

R. — De deux ans, à cinq ans de prolongation. (Décret du 20 août 1853.)

D. — Quelle peine encourt le repris de justice ou l'affilié aux sociétés secrètes (3e catégorie)?

R. — Un emprisonnement qui ne pourra excéder le temps pendant lequel il aura encore à subir la transportation. (8 décembre 1851.)

D. — Quelle peine encourt le libéré (4e catégorie, 1re section), coupable d'avoir quitté la colonie sans autorisation ?

R. — De un an à trois ans de travaux forcés. (Loi du 30 mai 1854.)

D. — Ces peines sont-elles applicables aux différentes catégories de femmes transportées ?

R. — Elles le sont.

N° 16.

Droits civils des transportés de toutes les catégories.

D. — Par qui sont administrés les biens des condamnés, soit à des peines afflictives perpétuelles, soit à la peine des travaux forcés à temps, de la détention ou de la reclusion, en état d'interdiction légale ?

R. — Par un tuteur et un subrogé tuteur nommés dans les formes prescrites pour leur nomination aux interdits.

D. — Quelle est la durée de l'interdiction légale ?

R. — La durée de la peine.

D. — Le Gouvernement peut-il relever le condamné à une peine perpétuelle de tout ou partie des incapacités qui l'atteignent ?

R. — Il peut lui accorder, dans le lieu d'exécution de la peine, des droits civils ou quelques-uns de ces droits dont il a été privé par son état d'interdiction légale. (Loi du 31 mai 1854)

D. — Cette faculté s'étend-elle aux condamnés aux travaux forcés à temps ?

R. — Oui. (Loi du 31 mai 1854.)

D. — Le condamné peut-il, pendant la durée de la peine, engager les biens qu'il possédait au jour de sa condamnation ?

R. — Non, les actes faits par les condamnés jusqu'à leur libération ne peuvent engager ces biens ou ceux qui leur seront échus par donation ou testament.

D. — Le condamné peut-il avant sa libération disposer des biens dont la remise lui aura été autorisée par une disposition spéciale ?

R. — Oui, il le peut.

D. — Quelles sont les incapacités dont sont frappés les transportés en rupture de ban ou affiliés aux sociétés secrètes ?

R. — Ils sont privés de leurs droits civils et politiques.

D. — Le Gouvernement peut-il accorder, dans la colonie, aux libérés, l'exercice de certains droits dont ils sont privés ?

R. — Oui, les suivants : être expert-juré ; employé comme témoin dans des actes ; déposer en justice, autrement que pour y donner des renseignements ; faire partie d'un conseil de famille ; être tuteur, curateur, subrogé tuteur ou conseil judiciaire de ses propres enfants. (34, Code pénal. — 30 mai 1854.)

N° 17.

Jurisprudence militaire.

NOTIONS ÉLÉMENTAIRES.

§ 1er. — *Des peines.*

D. — En combien de catégories partage-t-on les crimes et les délits militaires ?

R. — En deux catégories :

1° Ceux qui s'attaquent à la constitution de l'armée et aux principes mêmes sur lesquels repose son existence, sans admission de circonstances atténuantes ;

2° Ceux qui, bien qu'ayant un caractère militaire, rentrent dans la classification des crimes et délits communs avec lesquels ils ont une grande analogie, avec admission de circonstances atténuantes. (Décision du Corps législatif.)

D. — Quelles sont les peines qui peuvent être appliquées par les tribunaux militaires en matière de crime ou de délit ?

R. — En matière de crime :

La mort ;
Les travaux forcés à perpétuité ;
La déportation ;

Les travaux forcés à temps ;
La détention ;
La reclusion ;
Le bannissement :
La dégradation militaire.

En matière de délit :
La destitution ;
Les travaux publics ;
L'emprisonnement ;
L'amende.

D. — Dans quel cas la mort revêt-elle le caractère infamant ?

R. — Lorsqu'elle est accompagnée de la dégradation militaire.

D. — La dégradation militaire précédant l'exécution à mort est-elle matériellement exécutée ?

R. — Non, l'appareil de la dégradation ne serait qu'une aggravation cruelle et inutile. (Conseil d'État.)

D. — Dans quel cas le militaire frappé de la peine de mort peut-il mourir avec ses insignes, fût-ce la croix ?

R. — Lorsque la mort aura été prononcée pour un fait n'emportant aucun caractère d'infamie ni de déshonneur.

§ 2. — *Des circonstances atténuantes.*

D. — Quand peuvent-elles être admises ?

R. — Lorsque l'article du code les comporte expressément.

D. — A quelle majorité?

R. — A la majorité absolue de quatre voix sur sept.

§ 3. — *De la récidive.*

D. — Quel est son but?

R. — D'élever d'un degré dans l'échelle ascendante des peines celle encourue.

D. — Constitue-t-elle une circonstance aggravante?

R. — Non, elle témoigne de la perversité.

D. — D'où résulte-t-elle?

R. — D'un jugement passé à l'état de chose jugée.

D. — La réhabilitation fait-elle obstacle aux peines de la récidive?

R. — Non, car elle n'efface pas la première condamnation.

D. — La grâce exclut-elle la récidive?

R. — Non, car elle n'efface pas la condamnation.

D. — L'amnistie qui abolit le délit exclut-elle la récidive?

R. — Oui.

D. — Quelles sont les infractions spéciales qui ne donnent pas lieu à la récidive?

R. — La rupture de ban et le délit d'évasion par bris de prison.

§ 4. — *De la surveillance de la haute police.*

D. — Qu'est-ce que cette surveillance ?

R. — Une disposition spéciale de la loi en vertu de laquelle le condamné est soumis, à l'expiration de sa peine, à des exigences de police administratives. (Peine accessoire, article 11, Code pénal)

D. — Quel est son but ?

R. — De donner au Gouvernement le droit de déterminer certains lieux dans lesquels il sera interdit au condamné de paraître.

D — Le condamné a-t-il le droit de changer, sans y être autorisé, le lieu qui lui a été fixé pour sa résidence ?

R. — Non, il ne peut le faire sans encourir une punition correctionnelle.

D. — Quelles sont les peines qui entrainent la surveillance ?

R. — Les travaux forcés, la détention et la reclusion pendant toute la vie. Le bannissement pendant un temps égal à la durée de la peine subie.

Les crimes et délits qui intéressent la sûreté de l'État. Hors ces cas, la surveillance n'est prononcée que lorsque la loi l'autorise par une disposition expresse.

§ 5. — *De la Légion d'honneur, Médaille militaire, Ordres étrangers et Médailles commémoratives.* (24 novembre 1852 et 26 février 1858.)

D. — Comment se perd la qualité de membre de la Légion d'honneur et de décoré de médailles commémoratives ?

R. — Par les mêmes causes que celles qui font perdre la qualité de citoyen français.

D. — La suspension des droits et prérogatives attachés à ces qualités emporte-t-elle la suspension de l'autorisation de porter les insignes d'un ordre étranger ?

R. — Oui.

D. — La privation des mêmes droits s'étend-elle aux ordres étrangers ?

R. — Oui, elle comporte le retrait définitif de l'autorisation de les porter.

D. — Le président du conseil de guerre, après avoir prononcé la formule de la déchéance, a-t-il le droit de faire retirer la décoration au condamné ?

R. — Non, la loi veut que le condamné soit conduit devant la troupe pour y subir la dégradation.

D. — Comment sont traités les militaires décorés envoyés dans les compagnies de discipline ?

R. — Ils sont suspendus des droits et prérogatives, ainsi que du traitement attaché à la qualité de membre de la Légion d'honneur ou de décoré de la médaille militaire pendant la durée de la punition.

N° 18.

Droit commun.

NOTIONS ÉLÉMENTAIRES.

D. — En combien de classes divise-t-on les infractions que les lois punissent?

R. — En trois classes :

1° Les contraventions;

2° Les délits;

3° Les crimes.

D. — Comment les distingue-t-on?

R. — Par les lois qui les répriment.

D. — Quelles sont-elles ?

R. — 1° En matière de contravention :

L'emprisonnement (six jours au moins, cinq ans au plus) (Code pénal, 40);

L'amende. La confiscation de certains objets saisis.

2° En matière de délit :

L'emprisonnement à temps (Code pénal, 40);

L'interdiction à temps de certains droits civiques, civils ou de famille (Code pénal, 42);

L'amende.

3° En matière criminelle :

La mort. . . . .
Les travaux forcés à per-
   pétuité . . . .
La déportation. . . . .   Afflictives et infamantes.
Les travaux forcés à temps
La détention. . . . .
La reclusion . . . .

Le bannissement. . . . . . .
La dégradation civique. .   Infamantes.

D. — Lorsque les tribunaux militaires font application des peines du droit commun, peuvent-ils avoir recours aux circonstances atténuantes ?

R. — Oui, leur admission résulte de son application quand elles sont autorisées.

DÉCRET DU 8 DÉCEMBRE 1851.

(Abrogé par décret du 24 octobre 1870.)

Art. 1er. Tout individu placé sous la surveillance de la haute police, qui sera reconnu coupable de rupture de ban, pourra être transporté, par mesure de sûreté générale, dans une colonie pénitentiaire, à Cayenne ou en Algérie. La durée de la transportation sera de cinq années au-moins et de dix ans au plus.

Art. 2. La même mesure sera applicable aux individus reconnus coupables d'avoir fait partie d'une société secrète.

Art. 3. L'effet du renvoi sous la surveillance de la haute police sera, à l'avenir, de donner au Gouvernement le droit de déterminer le lieu où le condamné devra résider après qu'il aura subi sa peine. L'Administration déterminera les formalités propres à constater la présence continue du condamné dans le lieu de sa résidence.

Art. 4. Le séjour de Paris et celui de la banlieue de cette ville sont interdits à tous les individus placés sous la surveillance de la haute police.

Art. 5. Les individus désignés par l'article précédent seront tenus de quitter Paris et la banlieue dans le délai de dix jours, à partir de la promulgation du présent décret, à moins qu'ils n'aient obtenu un permis de séjourner de l'Administration. Il sera délivré à ceux qui la demanderont une feuille de route et de secours qui réglera leur itinéraire jusqu'à leur domicile d'origine ou jusqu'au lieu qu'ils auront désigné.

Art. 6. En cas de contravention aux dispositions prescrites par les articles 4 et 5 du présent décret, les contrevenants pourront être transportés, par mesure de sûreté générale, dans une colonie pénitentiaire, Cayenne ou Algérie.

Art. 7. Les individus transportés en vertu du présent décret seront assujettis au travail sur l'établissement pénitentiaire. Ils seront privés de leurs droits civils et politiques. Ils seront soumis à la juridiction militaire; les lois militaires leur seront applicables. Toutefois, en cas d'évasion de l'établissement, les transportés seront condamnés à un emprisonnement qui ne pourra excéder le temps pendant lequel ils auront encore à subir la transportation. Ils seront soumis à la discipline et à la subordination militaires envers leurs chefs et surveillants civils ou militaires, pendant la durée de l'emprisonnement.

Art 8. Des règlements du Pouvoir exécutif détermineront l'organisation des colonies pénitentiaires.

DÉCRET DU 20 AOÛT 1853

autorisant l'envoi dans les établissements pénitentiaires de la Guyane des individus des deux sexes, d'origine africaine ou asiatique, condamnés aux travaux forcés et à la reclusion.

Art. 1ᵉʳ. Peuvent être envoyés dans les établissements pénitentiaires de la Guyane française :

1° Les individus des deux sexes, d'origine africaine ou asiatique, condamnés aux travaux forcés par les tribunaux de la Guyane, de la Martinique, de la Guadeloupe et de la Réunion;

2° Les individus des deux sexes, de même origine, condamnés à la reclusion dans ces colonies.

Art. 2. Les condamnés aux travaux forcés qui sont envoyés à la Guyane, conformément à l'article qui précède, sont soumis aux dispositions du décret du 27 mars 1852.

Néanmoins, les articles 6 et 11 de cet acte ne sont pas applicables aux individus condamnés pour crimes commis antérieurement à la promulgation du présent décret.

Art. 3. Le régime applicable dans les établissements pénitentiaires de la Guyane aux individus condamnés à la reclusion est ainsi réglé :

Les condamnés à la reclusion seront complètement séparés des condamnés aux travaux forcés.

Ils pourront être employés, hors des prisons, à des travaux d'utilité publique; ces travaux seront distincts de ceux auxquels sont assujettis les condamnés aux travaux forcés.

La nature et la durée journalière de ces travaux seront l'objet d'un règlement local, qui devra être confirmé par décret.

Art. 4. Tout condamné à la reclusion, qui se sera rendu coupable d'évasion, sera puni de deux à cinq ans de prolongation de la même peine.

Art. 5. Sont applicables aux condamnés à la reclusion les articles 4, 5, 7 et 9 du décret du 27 mars 1852.

LOI DU 30 MAI. — 1ᵉʳ JUIN 1854.

(Exécution de la peine des travaux forcés.)

Art. 1ᵉʳ. La peine des travaux forcés sera subie, à l'avenir, dans des établissements créés par décrets de l'Empereur sur le territoire d'une ou de plusieurs possessions françaises autres que l'Algérie. Néanmoins, en cas d'empêchement à la translation des condamnés, et jusqu'à ce que cet empêchement ait cessé, la peine sera subie provisoirement en France.

Art. 2. Les condamnés seront employés aux travaux les plus pénibles de la colonisation et à tous autres travaux d'utilité publique.

Art. 3. Ils pourront être enchaînés deux à deux ou assujettis à traîner le boulet, à titre de punition disciplinaire ou par mesure de sûreté.

Art. 4. Les femmes condamnées aux travaux forcés pourront être conduites dans un des établissements créés aux colonies; elles seront séparées des hommes et employées à des travaux en rapport avec leur âge et leur sexe.

Art. 5. Les peines des travaux forcés à perpétuité et des travaux forcés à temps ne seront prononcées contre aucun individu âgé de soixante ans accomplis au moment du jugement; elles seront remplacées par celle de la reclusion, soit à perpétuité, soit à temps, selon la durée de la peine qu'elle remplacera. L'article 72 du Code pénal est abrogé.

Art. 6. Tout individu condamné à moins de huit années de travaux forcés sera tenu, à l'expiration de sa peine, de résider dans la colonie pendant un temps égal à la durée de sa condamnation.

Si la peine est de huit années, il sera tenu d'y résider pendant toute sa vie. Toutefois, le libéré pourra quitter momentanément la colonie en vertu d'une autorisation expresse du Gouverneur. Il ne pourra, en aucun cas, être autorisé à se rendre en France. En cas de grâce, le libéré ne pourra être dispensé de l'obligation de la résidence que par une disposition spéciale des lettres de grâce.

Art. 7. Tout condamné à temps qui, à dater de son embarquement, se sera rendu coupable d'évasion, sera puni de deux à cinq ans de travaux forcés. Cette peine ne se confondra pas avec celle antérieurement prononcée. La peine pour les condamnés à perpéluité sera l'application à la double chaîne pendant deux ans au moins et cinq ans au plus.

Art. 8. Tout libéré coupable d'avoir, contrairement à l'article 6 de la présente loi, quitté la colonie sans autorisation, ou d'avoir dépassé le délai fixé par l'autorisation, sera puni de la peine d'un an à trois ans de travaux forcés.

Art. 9. La reconnaissance de l'identité de l'individu évadé ou en état d'infraction aux dispositions de l'article 6 sera faite soit par le tribunal désigné dans l'article suivant, soit par la cour qui aura prononcé la condamnation.

Art. 10. Les infractions prévues par les articles 7 et 8, et tous crimes et délits commis par les condamnés, seront jugés par un tribunal maritime spécial établi dans la colonie. Jusqu'à l'établissement de ce tribunal, le jugement appartiendra au premier conseil de guerre de la colonie, auquel seront adjoints deux officiers du commissariat de la marine. Les lois concernant les crimes et délits commis par les forçats et les peines qui leur sont applicables continueront à être exécutées.

Art. 11. Les condamnés des deux sexes qui se seront rendus dignes d'indulgence par leur bonne conduite, leur travail et leur repentir, pourront obtenir : 1° l'autorisation de travailler, aux conditions déterminées par l'Administration, soit pour les habitants de la colonie, soit pour les administrations locales ; 2° une concession de terrain et la faculté de le cultiver pour leur propre compte. Cette concession ne pourra devenir définitive qu'après la libération du condamné.

ART. 12. Le Gouvernement pourra accorder aux condamnés aux travaux forcés à temps l'exercice, dans la colonie, des droits civils ou de quelques-uns de ces droits dont ils sont privés par leur état d'interdiction légale. Il pourra autoriser ces condamnés à jouir ou disposer de tout ou partie de leurs biens. Les actes faits par les condamnés dans la colonie, jusqu'à leur libération, ne pourront engager les biens qu'ils possédaient au jour de leur condamnation, ou ceux qui leur sont échus par succession, donation ou testament, à l'exception des biens dont la remise aura été autorisée. Le Gouvernement pourra accorder aux libérés l'exercice, dans la colonie, des droits dont ils sont privés par les deuxième et troisième paragraphes de l'article 34 du Code pénal.

ART. 13. Des concessions provisoires ou définitives de terrains pourront être faites aux individus qui ont subi leur peine et qui restent dans la colonie.

ART. 14. Un règlement d'administration publique déterminera tout ce qui concerne l'exécution de la présente loi, et notamment : 1° le régime disciplinaire des établissements des travaux forcés ; 2° les conditions sous lesquelles les concessions de terrains provisoires ou définitives pourront être faites aux condamnés ou libérés, eu égard à la durée de la peine prononcée contre eux, à leur bonne conduite, à leur travail et à leur repentir; 3° l'étendue des droits des tiers, de l'époux survivant et des héritiers du concessionnaire sur les terrains concédés.

Art. 15. Les dispositions de la présente loi, à l'exception de celles prescrites par les articles 6 et 8, sont applicables aux condamnations antérieurement prononcées et aux crimes antérieurement commis.

FIN.

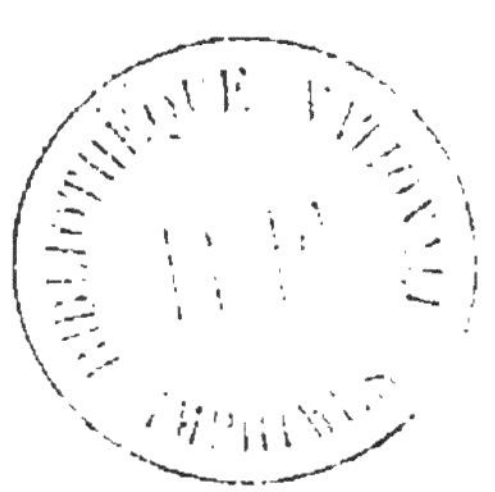

www.ingramcontent.com/pod-product-compliance
Ingram Content Group UK Ltd.
Pitfield, Milton Keynes, MK11 3LW, UK
UKHW020009080726
13614UKWH00003B/1307